Eirth

Emma Helbrough

Dyluniwyd gan Michelle Lawrence
a Josephine Thompson

Lluniau gan Tetsuo Kushii ac Adam Larkum

Addasiad Cymraeg: Elin Meek

Ymgynghorydd eirth: Dr. Lynn Rogers, Sefydliad Ymchwil Bywyd Gwyllt

Ymgynghorydd darllen: Alison Kelly, Prifysgol Roehampton

Cynnwys

Eirth blewog

Anifeiliaid mawr, blewog sydd â phen mawr crwn a llygaid a chlustiau bach yw eirth.

Dyma ddwy arth frown.

Cenawon ifanc

Cenawon yw'r enw ar eirth ifanc. Maen nhw'n cael eu geni yn y gaeaf mewn ogofâu bach neu goed cau.

Mae'r cenau hwn yn cael bwyd drwy yfed llaeth cyfoethog ei fam.

Bydd y fam yn cysuro'r cenawon pan fyddan nhw'n ofnus.

Bydd y fam yn llyfu'r cenau i'w gadw'n lân.

Fel arfer, bydd y cenawon yn aros yn y ffau, yn cysgu ac yn yfed llaeth.

Ffau yn yr eira

Mae cenawon eirth gwyn yn cael eu geni yn y gaeaf hefyd.

Mae'r fam yn cloddio ffau yn yr eira.

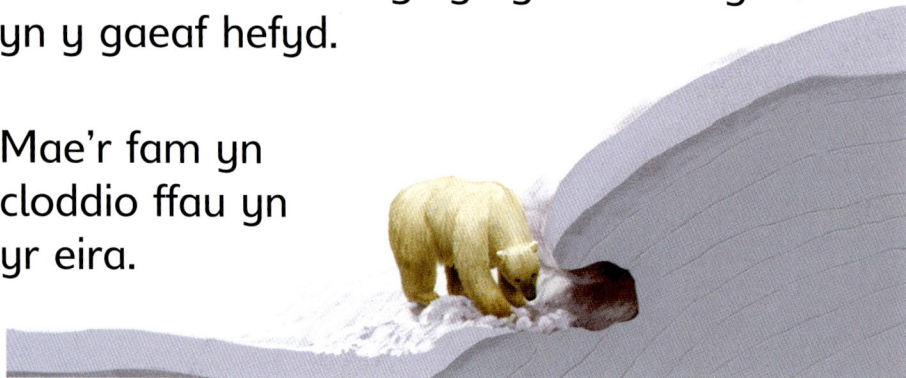

Mae'n cropian i mewn i orffwyso a pharatoi at gael y cenawon.

Mae'r cenawon yn cael eu geni yn y ffau yn yr eira.

Mae'r ffau yn yr eira'n gynnes iawn y tu mewn, felly mae hi'n cymryd amser i'r cenawon ddod yn gyfarwydd â'r oerfel y tu allan.

Mae ffwr gwyn iawn gan eirth gwyn bach. Mae'n troi'n lliw hufen wrth iddyn nhw dyfu.

Tyfu

Yn y gwanwyn, mae'r cenawon yn gadael y ffau gyda'u mam.

Mae'r cenawon yn treulio llawer o amser yn edrych o gwmpas. Ond maen nhw'n aros yn agos at eu mam.

Mae cenawon eirth brown yn gadael eu mam pan fyddan nhw'n dair oed.

Fel arfer mae'r fam yn cael un neu ddau o
genawon ar y tro, ond weithiau mae'n cael tri.

Mae eirth yn teithio'n bell i chwilio am fwyd.

Weithiau bydd
cenau'n blino ac yn
mynd yn araf.

Mae'r fam yn codi'r
cenau blinedig yn
ei cheg.

Cotiau blewog

Mae ffwr trwchus dros bob arth.

Mae eirth gwyn yn byw mewn mannau rhewllyd. Mae eu ffwr yn drwchus iawn i'w cadw'n gynnes.

Os yw arth wen yn rhy boeth, mae'n rhwbio ei bol yn yr eira i oeri.

Mae gan eirth sbectolog ffwr gwyn o gwmpas eu llygaid sy'n edrych fel pâr o sbectol.

Mae gan eirth gweflog ffwr hir, garw. Mae'r cenawon yn teithio ar gefn y fam.

Mae'r cenau'n cydio mewn darn o'i ffwr â'i bawennau blaen.

Mae'n dringo arni ac yn cydio'n dynn. Wedyn mae hi'n sefyll.

11

Pawennau a chrafangau

Pawennau yw'r enw ar ddwylo a thraed eirth. Mae pum crafanc hir ar bob pawen.

Mae eirth yn troi'r creigiau â'u pawennau i chwilio am bryfed i'w bwyta.

Mae rhai eirth yn defnyddio'u crafangau fel crib i gadw eu ffwr yn lân ac yn dwt.

Mae'r arth frown yn cloddio gwreiddiau i'w bwyta.

Mae pawennau arbennig gan yr arth wen i gydio yn y rhew.

Mae gan y panda asgwrn ychwanegol ym mhob pawen sy'n ei helpu i gydio mewn planhigion bambŵ i'w bwyta.

Amser cinio

Fel arfer mae eirth yn bwyta planhigion, ffrwythau, cnau a phryfed.

Ma eirth brown yn byw ar dir glas lle mae digon o blanhigion gwyrdd i'w bwyta.

Mae arth yr haul yn bwrw nyth cacwn o goeden â'i phawennau.

Mae'n defnyddio'i chrafangau hir i dorri'r nyth cacwn.

Yna, mae'n llyfu'r cynrhon sydd ynddi â'i thafod hir.

Yn aml mae dannedd pwdr gan eirth achos eu bod nhw hefyd yn bwyta mêl a bwydydd melys eraill.

Mae rhai eirth yn bwyta miloedd o lindys mewn diwrnod.

Hela

Os yw eirth yn bwyta cig, rhaid iddyn nhw ddal eu hysglyfaeth.

Mae'r arth frown yn neidio ar anifeiliaid bach, fel gwiwerod neu lygod. Bydd hyd yn oed yn neidio i mewn i ddŵr i hela am fwyd.

Mae'r arth wen yn
hela morloi bach sy'n
byw mewn twneli o
dan y rhew.

Mae'n bwrw'r rhew
â'i phawennau blaen
i dorri i mewn i
dwnnel.

Mae'r arth wen yn dal morloi mawr hefyd.

Mae'n aros
wrth dwll yn
y rhew.

Mae morlo'n
nofio i fyny i'r
twll i gael awyr.

Mae'r arth yn
llusgo'r morlo
allan o'r dŵr.

Pysgota

Mae eirth sy'n byw wrth ymyl afonydd
yn mynd i bysgota. Maen nhw'n dal eogiaid
enfawr ac yn eu bwyta.

Mae'r eirth brown yn sefyll
ar ben rhaeadrau, yn aros
i bysgod neidio i fyny.

Wrth i'r pysgod neidio,
mae'r eirth yn ceisio
dal un yn eu ceg.

Pan fydd arth yn dal
pysgodyn, mae'n ei
gario i'r lan i'w fwyta.

Gall arth frown ddal tua 15 eog
mewn diwrnod!

Dringo coed

Mae eirth yn aml yn byw mewn fforestydd ac mae'r rhan fwyaf o eirth yn gallu dringo coed.

Mae'n gwthio'i grafangau i foncyff.

Cydia yn y boncyff â'i bawennau ôl.

Mae'n codi i fyny â'i bawennau blaen.

Mae eirth yn aml yn cysgu mewn coed. Maen nhw'n teimlo'n ddiogel yn uchel yn yr awyr.

Mae cenawon
yn dringo coed
pan fydd ofn
arnyn nhw.

Mae pandas yn plygu
canghennau ac yn
gorwedd arnyn nhw i
orffwyso a thorheulo.

21

Sefyll

Mae eirth yn gallu sefyll ar eu dwy goes ôl.
Maen nhw'n cydbwyso â'u pawennau blaen.

Mae rhai eirth yn sefyll i fwyta ffrwythau o ganghennau uchel coed.

Mae eirth yn aml yn sefyll i edrych o gwmpas wrth glywed sŵn.

Mae eirth gwyn yn sefyll i chwarae ymladd.

Petai arth wen yn sefyll mewn tŷ, byddai'n taro ei phen ar y nenfwd.

Hefyd, mae eirth yn sefyll
i rwbio'u cefn ar goed,
i symud ffwr rhydd.

Mae eirth yn ffroeni
coed i weld a oes
eirth eraill wedi
rhwbio yno hefyd.

Nofio

Mae eirth gwyn yn dda iawn am nofio.
Maen nhw'n gallu nofio am oriau heb stopio.

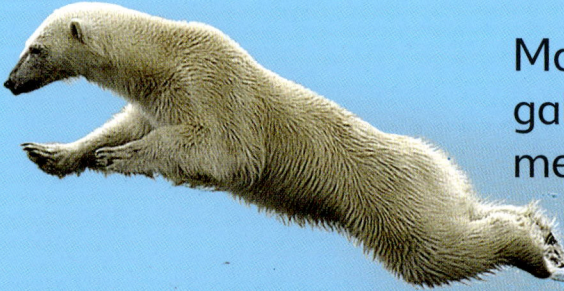

Maen nhw'n gallu neidio i mewn i'r dŵr.

Mae arth wen yn dringo allan o'r dŵr ar y rhew.

Mae hi'n ysgwyd fel ci gwlyb i sychu.

Yna mae hi'n rholio ar yr eira i amsugno gweddill y dŵr.

Mae eirth gwyn yn padlo
â'u pawennau blaen ac yn
llywio â'u pawennau ôl.

Gall eirth gwyn ddal eu hanadl
o dan y dŵr am ddwy funud.

Poeth ac oer

Mae eirth yn byw mewn llawer o fannau gwahanol. Mae rhai'n byw mewn coedwigoedd poeth ac mae eraill yn byw yn uchel mewn mynyddoedd oer.

Mae rhai eirth brown yn byw ger y môr.

Maen nhw'n defnyddio'u crafangau hir i gloddio am bysgod cregyn i'w bwyta ar y traeth.

Pan fydd yr haf yn boeth, mae eirth duon yn oeri mewn llynnoedd.

Coedwigoedd glaw yw cartref eirth sbectolog.

Yn y dydd, mae hi'n boeth, boeth, felly dim ond cysgu mae'r eirth.

Yn y nos, maen nhw'n deffro ac yn chwilio am fwyd.

Amser chwarae

Mae cenawon
yn chwareus
iawn, ond mae
eirth mawr
yn chwarae
hefyd.

Mae pandas yn siglo
ar ganghennau coed.
Weithiau maen
nhw'n hongian ben
i waered o goed.

Mae pandas
yn dringo
llethrau serth.

Maen nhw'n
rholio i lawr
i'r gwaelod.

Yna maen
nhw'n dringo
i fyny eto.

Yn aml, mae eirth yn gorwedd ar eu cefnau
ac yn chwarae â phrennau a cherrig.

Geirfa eirth

Dyma rai o'r geiriau yn y llyfr hwn sy'n newydd i ti, efallai. Mae'r dudalen hon yn rhoi ystyr y geiriau i ti.

 cenau – babi arth. Mae eirth yn cael un neu ddau genau ar y tro.

 ffau – lle mae cenawon yn cael eu geni ac yn byw pan fyddan nhw'n ifanc iawn.

 ffwr – y blew fflwffog dros gorff arth sy'n ei chadw'n gynnes.

 pawennau – dwylo a thraed arth. Mae eirth yn cerdded ar bob un pawen.

 crafangau – pigau ar bawennau eirth sy'n cael eu defnyddio i gloddio a dringo.

 ysglyfaeth – anifail y mae arth wedi'i ddal i'w fwyta, fel morlo.

Gwefannau diddorol

Os oes gen ti gyfrifiadur, rwyt ti'n gallu dysgu rhagor am eirth ar y Rhyngrwyd.

I ymweld â'r gwefannau hyn, cer i **www.usborne-quicklinks.com**

Caiff y gwefannau hyn eu hadolygu'n gyson a chaiff y dolenni yn 'Usborne Quicklinks' eu diweddaru. Fodd bynnag, nid yw Usborne Publishing yn gyfrifol, ac nid yw chwaith yn derbyn atebolrwydd, am gynnwys neu argaeledd unrhyw wefan ac eithrio'i wefan ei hun. Rydym yn argymell i chi orchwylio plant pan fyddant ar y Rhyngrwyd.

Mae'r arth wen yn gwarchod ei chenau rhag yr oerfel. Mae ei chorff yn twymo'r cenau ac yn gysgod rhag y gwynt rhewllyd.

31

Mynegai

Cydnabyddiaeth

Cydnabyddiaeth lluniau

Mae'r cyhoeddwyr yn ddiolchgar i'r canlynol am ganiatâd i atgynhyrchu deunydd:
China Span; (Keren Su), 4. Corbis: Clawr (Dan Guravich), 2–3, 19 (Paul A. Souders), 20 (Gary W. Carter). FLPA/Minden Pictures: 7 (Mark Newman), 11 (Tui De Roy). Getty: 8 (Eastcott Momatiuik), 23 (Giel), 31 (Wayne R. Bilenduke). Leeson Photos: 12 (Tom & Pat Leeson). Mark Newman: 9. Natural History Photographic Agency: 17 (Andy Rouse). Northart: 5, 16, 26–27 (Lynne and Donna Rogers/Bearstudy.org). Oxford Scientific Films: 10 (Tui De Roy), 21, 29 (Daniel J. Cox). Polarfoto: 22 (Dr. Hinrich Bäsemann). Powerstock: 15 (Bauer). Team Husar Wildlife Photography: 1, 13, 28 (Lisa & Mike Husar). Toledo Zoo: 25 (Linda S. Milks). Gyda diolch i Andi Norman.

Cyhoeddwyd gyntaf yn 2006 gan Usborne Publishing Ltd., Usborne House, 83–85 Saffron Hill, London EC1N 8RT.
Cyhoeddwyd gyntaf yng Nghymru yn 2014 gan Wasg Gomer, Llandysul, Ceredigion SA44 4JL.
www.gomer.co.uk
Cyhoeddwyd gyda chefnogaeth Llywodraeth Cymru.
Cedwir pob hawl. Argraffwyd yn China.

Optoelectronics
An Introduction

To Marie
To Marc, Martine and Christine,
To Eliza,
To Claire and Paul,
To my friends.